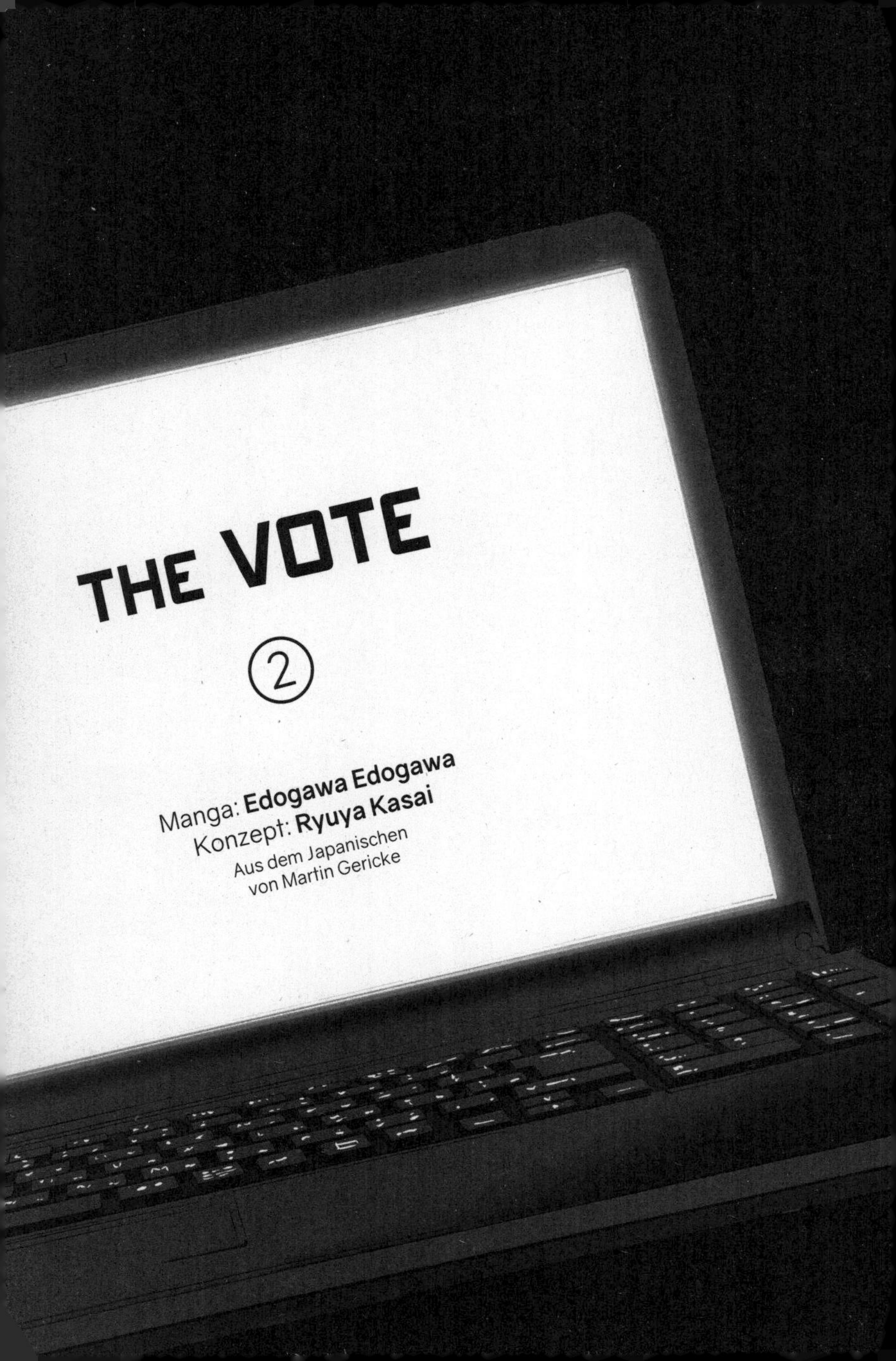
THE VOTE
2
Manga: **Edogawa Edogawa**
Konzept: **Ryuya Kasai**
Aus dem Japanischen
von Martin Gericke

INHALT

Kapitel 8
Ich werde dir erzählen...
... was damals mit unserer Lehrerin, Frau Nikaido, vorgefallen ist.
Alles begann vor sechs Monaten ...

Nun, liebe Schülerinnen und Schüler...
Bitte begrüßt mit mir die neue Lehrkraft...
... die für Frau Matsuyama einspringen wird...
... da diese in Elternzeit geht.
Vielen Dank für die herzliche Begrüßung! Es freut mich, euch alle kennenzulernen.
Mein Name ist Arisa Nikaido!

Es war schon immer mein Traum, eines Tages Lehrerin sein zu dürfen.
Ich freue mich auf unsere gemeinsame Zeit und hoffe, dass wir uns alle prima verstehen werden!
Die sieht ganz geil aus, oder?
…
Frau Matsuyama war heißer.
Depp.

2-C
So wurde Arisa Nikaido schließlich unsere neue Klassen-lehrerin.
Ich dachte mir, wir könnten das Klassen-zimmer mit Blumen etwas aufhübschen.
Das ganze Grünzeug stört doch bloß.
Also bitte. Wie können Blumen stören?
Sind die schön!

Wie sie duften! Riecht mal!
Ziemlich angesagt, die Neue, was?
Hat sogar schon ihren eigenen Fanklub im Netz.
...
Ich find, sie wirkt ganz schön arrogant und überheblich. Ihr nicht?
Ey, habt ihr Lust, die Neue 'n bisschen zu ärgern?

Gut... Kanna, weißt du die Antwort?
Sorry, ich hab keine Ahnung.
Haha.
Das kenne ich ja gar nicht von dir, Kanna.
Ich find sie echt heiß.

Okay... was... was ist mit dir, Shuta?
Ich hab keinen Plan!
Haha, du weißt es auch nicht, Shuta?
HAHAHAHA
HE HE HE
HI HI HI
Anfangs waren es kleine Neckereien, aber wir trieben es immer weiter auf die Spitze, bis es irgendwann weit über kleine Späß-chen hinausging.

Es eskalierte immer mehr...
WAHAHAHAHA
PLAPPER
BLA
Ey!
HAHAHA
BLA
TRATSCH
Laber nicht!
Ein bisschen Ruhe, bitte.
Ich prüfe jetzt die Anwe-senheit!

PLOMP
SPROTSCH
Wir haben uns jedes Mal bepisst vor Lachen, wenn Frau Nikaido wieder eine totale Gesichtsentglei-sung hatte.
HA HA
HA HA HA HA

Ich bin ja auch noch neu! Dann haben wir was gemeinsam!
Ich prüfe die Anwesenheit!
BLA BLA
BLA BLA
Gut, also...
Mein Gott?!
BLA BLA

Fester! Fick mich richtig hart! Ich will dich ganz tief in mir spüren!
Gib mir dein Sperma! ♥
Ich will, dass du in mir abspritzt! ♥♥♥
KLAPP

HA
HA
HA
Was? Nein!
Dein Ernst?
KYAHAHA
SCHWANK
Frau Nikaido?
Kanna? Was kann ich für dich tun?

Wir alle...
... hassen dich. Du bist zum Kotzen!
Checkst du das nicht? Hör auf, dir irgendeine Scheiße ein-zureden!
Frauuu Lehre-rin!

WHÖARGH
ÖCHÖHH
Aah ...
Uuh ...
Ah...

Frau Nikaido hat sich heute krankgemeldet.
Es geht ihr leider nicht so gut.
Echt?!
Einen ganzen Monat kam sie nicht mehr in die Schule.
Bis zu jenem Tag...
PRASSEL
Hm? Wo ist Minato?
Liegt mit 'ner Grippe im Bett.
Oha!
ZRRAMM

FWSSSCHHH

TAPP
TAPP
TAPP
TAPP

Herhören...
Anwesenheitskontrolle!
Daisuke Asakura?
Hallo? Antwortest du mir bitte?
Hikari Sasaki, Yuya Seto...

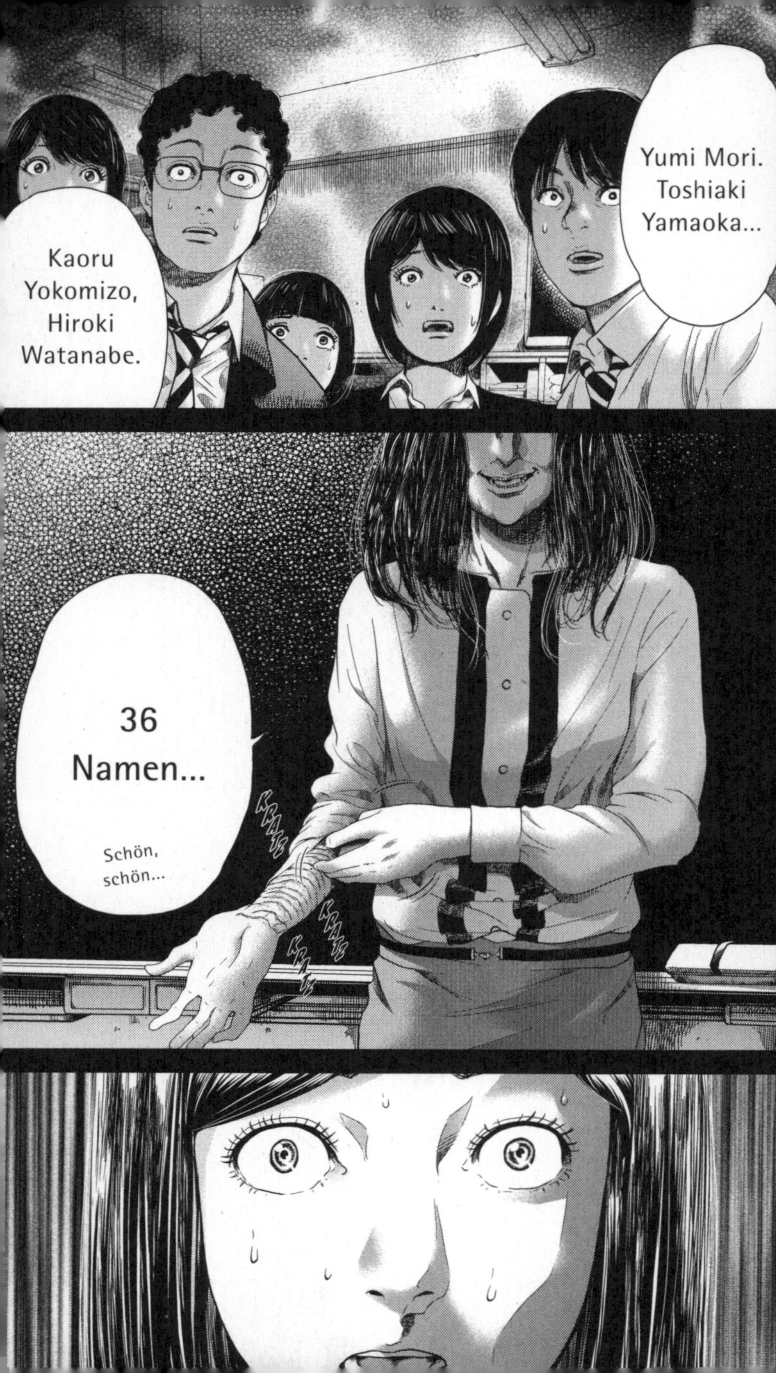
Yumi Mori. Toshiaki Yamaoka...
Kaoru Yokomizo, Hiroki Watanabe.
KRATZ
KRATZ
KRATZ
36 Namen...
Schön, schön...

Ihr sollt alle verflucht sein!

Um Gottes Willen, Fr...Frau Nikaido?!
Was ist denn passiert?!

Das wusste ich nicht...
Na ja. Und seitdem hat keiner mehr gewagt, auch nur ein Wort über sie zu verlieren.
Es heißt ...
... danach hätte sie sich in ihrem eigenen Garten verbrannt.
...
Was, wirklich?! Krass, das hör ich zum ersten Mal.

Darum also dieser Fluch...
Was sollen wir denn jetzt tun?
Kommt!
Wie?
Es muss eine Möglichkeit geben, diesen Fluch zu beenden.

THE VOTE

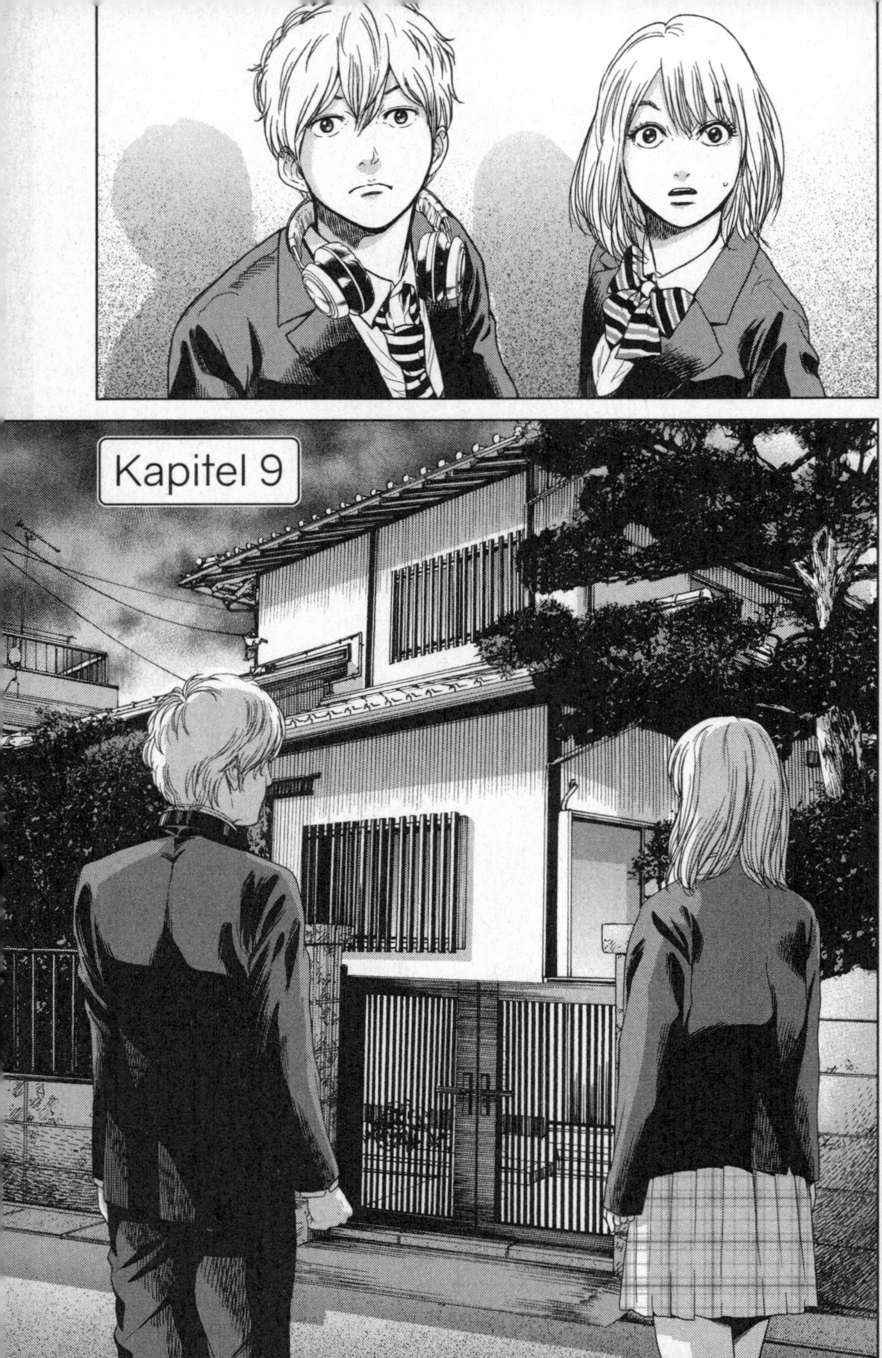
Kapitel 9

Hier, oder?
Nikaido
Ja...
Haah...
....
Ich bin voll nervös.
Ich meine, was, wenn ihre Familie weiß...
... dass wir sie die ganze Zeit gemobbt haben?
Fester! Fick mich richtig hart! Ich will dich ganz tief in mir spüren!
Gib mir dein Sperma! ♥
Ich will, dass du in mir abspritzt! ♥♥♥
Ich hab echt ein schlechtes Gewissen.
Wir sollten einfach ...
... unsere gerechte Strafe annehmen.

Nein!
Das ist doch Unsinn!
So dürfen wir nicht denken.
Sollte Frau Nikaido wirklich etwas mit dieser App zu tun haben...
... müssen wir unbedingt herausfinden, wer dahinter-steckt.
Danach können wir im-mer noch überle-gen...
... wie wir Verant-wortung über-nehmen.
Du hast recht.
KLACK

Huch? Na, hallooo!
Seid ihr Schüler aus Arisas Klasse?
Äh... ja, genau!

Fühlt euch wie zu Hause.
Bitte.
Das ist nett, vielen Dank.

Schaaatz, hast du gehört?
Arisas Schüler sind uns besuchen gekom-men.

Entschuldigt, bitte. Ich habe mich noch gar nicht vorgestellt.
Wir wollen Sie auch nicht lange belästigen.
Sagen Sie, Frau Nikaido...
... dürften wir einen Blick in das Zimmer Ihrer Tochter werfen?
Wir würden gerne sehen, in welcher Umgebung sie den Unterricht für uns vorbereitet hat.
Aber natürlich! Kommt nur mit.
Passt auf die Stufen auf.
RATTER

Hach, man konnte ihr noch so oft sagen, dass sie ihr Zimmer aufräumen soll, aber sie wollte partout nicht hören.
Ich werde euch einen frischen Orangensaft machen.
Seht euch ruhig um.

Das ist unsere Chance!
Wonach suchen wir eigentlich?
Irgendwelche Hinweise, die sie zurückgelassen haben könnte, oder ein Tagebuch oder so was.
Vielleicht finden wir Informationen zu »The Vote« und wie wir diese App stoppen können!
RASCHEL
RASCHEL
Okay!
RRRT
Ah!

2 – C
Das ist unser...
Klassenbuch
2 – C
... Klassen-
buch.

Klassenbuch
Die Seiten ...
... wurden alle heraus-gerissen!
Wieso...?

TICK
TICK
TICK
TICK
TICK
TICK
Irgend-wie ist es hier richtig...
... gruselig. Findest du nicht auch?
Ich hab echt kein gutes Gefühl...
Klassenbuch
Komm, lass uns gehen.
Oh, ihr geht schon?
Ähm, ja.
Entschul-digen Sie die Störung!

Ihr hättet euch ruhig ein wenig Zeit nehmen können.
Ja! Ein ander-mal gern.
DODOM
Wie schade.
DODOM
Dann bis bald.
DODOM
Arisa wird sich auch sehr freuen.
BADUM

Schaaatz! Hörst du?!
Unsere Gäste gehen jetzt! Hörst du, Schaaatz?!
Oh...
Das Totenbild neben dem von Arisa...

... ist das vermut-lich...
... ihr Vater...
Wenn das Bild direkt da-nebensteht, dann...
Kommt uns bald wieder be-suchen, ja, ja, ja?!

Minato!
DASH
HAH
HAH
Kann ich euch helfen?
Wart ihr gerade bei den Nikaidos?
Ah... ja...

Dieses Haus... es ist wirklich...
... nicht mehr sehr einladend.
Erst starb ihr Mann und danach ihre Tochter...
... und am Ende ist auch noch der Sohn spurlos verschwunden.
Der Sohn?
Ich habe ihn nur einmal getroffen. Er und seine Schwester schienen ein gutes Verhältnis gehabt zu haben.

Wenn mich nicht alles täuscht, müsste er jetzt auf die Oberschule gehen.
Was...?
Das heißt, sie...
... hat noch einen jüngeren Bruder?

Kapitel 10
Frau Nikaido ...
... hat einen Bruder.
Die Nachbarin erzählte uns, dass er jetzt etwa in unserem Alter sein müsste.

Was, wenn ihr Bruder ihr Tagebuch gelesen hat...
... und die wahren Gründe für ihren Selbstmord herausfand?
Vielleicht ist das die Rache dafür...
... und ihr Bruder steckt hinter »The Vote«?
Auf jeden Fall weiß der Täter alles über unsere Klasse.
Kann es sein...

... dass er auch auf unsere Schule geht?

Morgen!
Ich war eben bei unserem Klassenlehrer.
Und? Was hat er gesagt?
Fehlanzeige!
Es gibt niemanden namens Nikaido an unserer Schule.
Hm, verstehe ...

Ich werde heute Abend mal nachforschen ob nicht auf irgendeiner anderen Schule ein Nikaido gelistet ist.
Okay, cool!
Ich habe mir eine andere Methode überlegt, wie wir die App austricksen könnten.
Welche denn?

Leute, hört mal kurz zu!
Ich habe mir etwas überlegt...
... womit wir die Wahl eines neuen Opfers verhindern können.
Hä? Schon wieder?
Hast du aus der Sache mit Kosuke etwa nix gelernt?
Irgendwer wird wieder aus der Reihe tanzen und uns alle verraten. Dann wird die ganze Scheiße nur noch übler.
Nein, ich kann dir versichern, dass es keine Verräter...
... mehr geben wird, wenn wir meine Methode verwenden.
Wie soll das funktionieren?

Wir benutzen ...
... unsere Sitzplätze.
Was?
Jeder von uns wählt einfach nur den oder die nächste in der Reihenfolge unserer Sitz-plätze.
Dadurch erhalten alle nur einen ein-zigen Vote und es kann kein Opfer mehr ausgewählt werden.
Der Letzte in der Liste muss le-diglich...
... den Ersten aus der Liste wählen.
AH!
Nicht schlecht.

Eine Stimme pro Person
1, Daisuke Asakura 1 Stimme
2, Minato Imabari 1 Stimme
4, Noriko Uda 1 Stimme
6, Mariko Endo 1 Stimme
7, Nami Okada 1 Stimme
8, Yusuke Okamoto 1 Stimme
9, Rei Kagawa
10, Jun Kaneda 1 Stimme
11, Koji Kikukawa 1 Stimme
12, Sanae Kitazawa 1 Stimme
13, Yusaku Kudo 1 Stimme
14, Moe Koshino 1 Stimme
15, Mikio Kobayashi 1 Stimme
16, Masaharu Saeki 1 Stimme
17, Hikari Sasaki 1 Stimme
25, Miki Nishino 1 Stimme
26, Ryugo Numamoto 1 Stimme
27, Masaya Hattori 1 Stimme
28, Mitsuki Fujieda 1 Stimme
29, Azuki Maeda 1 Stimme
30, Ryohei Matsui 1 Stimme
31, Shiori Mino 1 Stimme
32, Nao Muramatsu 1 Stimme
33, Yumi Mori 1 Stimme
34, Toshiaki Yamaoka 1 Stimme
35, Kaoru Yokomizo 1 Stimme
36, Hiroki Watanabe 1 Stimme
Wenn wir alle die gleiche Anzahl an Stimmen bekommen, bringt das den Typen und seine App vielleicht komplett durcheinander...
Damit dieser Plan aber aufgeht, müssen wir diesmal wirklich alle zusammenarbeiten.
Falls jemand meint, nicht mitmachen...
36, Hiroki Watanabe 0 Stimmen
die Person, die zuvor gewählt hat, ist zwangsläufig der/die
Verräter*in
35, Kaoru Yokomizo
... zu müssen, werden wir es sofort bemerken!
Und wenn wir am Ende alle als Opfer ausgewählt werden?
Hm... ja, stimmt ...
Wenn das passieren sollte... dann...
Wir... Wir müssen einfach zusammenhalten, okay?

Was sagt ihr dazu?
Ich find's gut.
Besser, als ständig um unser Leben fürchten zu müssen.
Versuchen wir es. Das könnte klappen.
Gut!
Machen wir den Wichser fertig!
Ich...
... bin dagegen!

Yumi Mori, Klasse 2-C
Was, wenn trotzdem jemand ver- sucht, uns zu verraten?
Wir können uns nicht hun- dertprozentig sicher sein.
So war es ja auch bei Kosu- ke...
Ich trau hier nie- mandem mehr.
Yumi Mori leitet die Leichtath- letik-AG unserer Schule.

Dass sie solche Angst hat? Sonst ist sie immer so gefasst und selbstbewusst.
Hast du einen besseren Vorschlag?
Ich kann Yumi schon verstehen.
Aber ich denke, uns bleibt keine andere Wahl. Wir müssen einander vertrauen, um diese verdammte App zu überlisten.

Außerdem werden wir sofort erfahren, wer der Verräter oder die Verräterin ist.
Und ihr könnt mir glauben, dass der- oder diejenige von uns zur Rechenschaft gezogen wird.
Außerdem stimmt...
... die Mehrheit...
... Shutas Vorschlag zu.
Damit dieser Trick funktioniert...
... müssen wir zuerst alle aussortieren, die dagegen sind.
Du weißt, was das bedeutet, oder?

Ähm... also... ich...
Haha... ihr habt ja recht.
Ich werde versuchen, euch zu vertrauen und werde mitmachen.

Danke, Yumi...
SWP
Keine Angst. Es wird alles gut.

KLACK
BLIP
Ich bin traurig... sooo traurig...
Wähää! Wäääh!
?!
Ich hatte euch doch gesagt, dass »The Vote« auf einem Fluch beruht...
... aber es gibt scheinbar immer noch einige, die mir nicht glauben, wähää...
Einfach zum Haus von Frau Nikaido zu spazieren und dort rumzuschnüffeln, tzz, tzz, tzz. Nur um etwas über mich herauszufinden, ui, ui, ui!
Er weiß es...
GRIIINS

Aber wisst ihr was?
Ihr seid sogar auf der richtigen Fährte!
Derjenige, den ihr sucht...
... steckt mitten unter euch!
SCHWUMM
Des-halb...

Auf der Suche nach dem Täter – The Game
... gibt es mal wieder neue Spielregeln für euch!
Wir werden eine Runde »Wer ist der Täter« spielen!
Wer von diesen zeh Verdächti- gen ist de Täter?
Minato Imabari
Jun Kaneda
Koji Kikukawa
Mitsuki Fujieda
Shuta Tamamori
Ryugo Numamoto
Überlegt es euch gut und stimmt dann ab! ♡
Yumi Mori
Hiroki Watanabe
Kaoru Yokomizo

Der Übeltäter, der mich erschaffen hat, ist einer von diesen zehn hübschen Kandidat*innen.
Ich flunker nicht, das ist die absolute Wahrheit! Hach, das ist ja alles so aufregend! Ich würde am liebsten selbst mitspielen, hihi!
Ach ja, und bevor ich's vergesse – unsere zehn Bösewichte dürfen natürlich nicht abstimmen! Passt also gut auf, für wen ihr euch entscheidet, hihi!
PLING
Solltet ihr nicht den richtigen Täter wählen, wird der oder die mit den meisten Stimmen...
... einen ganz bezaubernden sozialen Tod erleiden!
Na schön! Wenn alles klar ist, dann lasst uns...
... das Spiel beginnen!
Es bleiben euch noch zwölf Stunden!

THE VOTE
PLING
Was soll das denn?
Shuta Tamamori
eingehender Anruf
Später erinnern
Zum Entsperren wischen
Hallo?
Scheiße, wir sind voll am Arsch!
Was...?
Wovon sprichst du?

Natürlich ist das alles absoluter Bullshit.
Der Kerl spielt mit uns!
EVEREST
Damals, als die Sache mit Frau Nikaido passiert ist...
... warst du die Einzige, die nicht dabei war, Minato.
Du bist die Einzige von uns, die nichts mit dem ganzen Mobbing zu tun hatte.
Weil du zu uns in die Klasse gewechselt bist, ist es natürlich nahe-liegend, dass die anderen dich verdächtigen und für dich abstimmen werden.
Wer auch immer ver-sucht, dem Täter...
... auf die Schliche zu kommen, gerät automatisch in die Schusslinie!

GATTANG
GOTTONG
Kapitel 11
»Auf der Suche nach dem Täter«. Bei diesem Spiel...
... wählen wir alle aus zehn Kandidaten den vermeintlichen Täter, der hinter »The Vote« steckt.
Minato Imabari
Jun Kaneda
Koji Kikukawa
Yuya Seto
Mitsuki Fujieda
Shuta Tamamori
Ryugo Numamoto
Yumi Mori
Hiroki Watanabe
Kaoru Yokomizo
Da ich erst vor Kurzem auf diese Schule gewechselt bin, war ich bei diesen ganzen Mobbingattacken nicht dabei.
Genau aus diesem Grund werden die anderen mich am ehesten verdächtigen.
Hey.

Ah... Guten Morgen.
Seit der Sache schreibt niemand mehr auf Mine.
Wahrscheinlich haben alle private Gruppen erstellt. Da kann man sich ungestört austauschen.
Wir müssen es den anderen erzählen.
Ja.
Ich weiß natürlich, dass ich nicht die Täterin bin und im Grunde nichts zu befürchten hätte. Aber wie soll ich das beweisen?
RATTER
PLAPPER
PLAPPER

Äh... M...
Morgen...

PSST
PSST
Geschichte
Ähm...
Morgen!

Ah, Morgen.
Guten Morgen.
Also?
Was meintest du eben?
Hah...
Wir sind...
... wie Luft für sie...

He, hört mal.
Wir müssen mit euch re...
Einen Moment.
Ich kann dir versichern, dass wir defi-nitiv nicht alles glauben...
... was diese App uns erzählt.
Yusaku Kudo, Klasse 2-C
Aber man fragt sich schon...
... weshalb gerade die zehn hier als Täter in Frage kommen sollen.

Wes-
halb?
Pure
Willkür,
verdammt
noch mal!
Glaubst
du das
wirklich?
Du auch,
Minato?
Wie...
Ich...

Wir werden morgen früh...
... eine kleine Klassenkonferenz abhalten!
Ohne die zehn Verdächtigen.
Ihr werdet in ein anderes Klassenzimmer gehen.

Hör dir doch erst mal an, was wir zu sagen haben!
Was?
GRIP
Hey, komm runter, okay?
Guck dich doch mal um!

Ich glaube kaum, dass du hier noch was zu mel-den hast...
Physik

HAH
Ich will nicht mehr...
Wem kann man denn überhaupt noch glauben?
Wir wissen alle, wer Schuld daran ist, aber wir müssen den Mist jetzt ausbaden... tzz...
Was willst du sagen, Ryugo, he?!
Ich bin gegen Gewalt, hör auf!

...
Scheiße!
Mit den Regeln vom letzten Mal wäre das nicht passiert.
Wieso wir? Wir haben überhaupt nichts damit zu tun!
Nicht wahr?
Haha-haha!
Der Kerl nervt...
Was soll's...?
Wir wissen doch, wer gewählt wird...

Wen wählt ihr?
Tja, du weißt schon...
Ja, is' halt so, ne...?
Wohl wahr...
Mir fällt auch nur...
... eine Person ein.

Langsam verlier ich wirklich den Mut.
Wir haben bisher noch gar nichts erreicht.
Ich fühle mich so unnütz...
Das war's dann wohl für mich.
Sag nicht so was.
Ich glaube dir, Minato! Mach dir keine Sorgen!

Ah!
Meine Häschen, vielen Dank für eure Votes!
PLING
Noch drei Stunden.
BLIP
Da ihr alle eure Stimmen schon abgegeben habt...
... werde ich das Ergebnis unseres kleinen Spiels jetzt schon verkünden!
Los geht's!

Auf der Suche
ch dem Täter –
he Game
huta Tamamori
21 Stimmen
Alle haben einstimmig...
... für Shuta Tamamori gestimmt!
Was ...?
Hä...
Wieso das denn?

Alle haben einstimmig...
... für Shuta Tamamori gestimmt!
nach dem Täter
The Game
huta Tamamori
21 Stimmen
Wieso...
... ich?
Kapitel 12

Ob ihr...
BLIP
... den richtigen Täter habt...
... werde ich euch in drei Stunden...
... mitteilen!
Auf der Suche
ch dem Täter –
The
Ich bin schon ganz gespannt, ob ihr mit eurer Schlussfolgerung...
... richtig liegt!
Haha...
RUMMS
Aah...!

Stimmt ...
Nur er könnte so eine App entwickeln.
N...Nein, das ist nicht wahr!
Shuta ist nicht der Täter, verdammt!
Pff!
Tzz, tzz...
Verstehe. Jetzt raff ich erst, worauf er aus ist.

FWAPP
PLOMPF
ZACK
TIPP TIPP
KLACKER KLACKER
Immer, wenn es für ihn gefährlich wird, führt er einfach neue Spielregeln ein.
Er hat alle unsere Handys gehackt.
Ziemlich schlau eingefädelt.

Ich wette, der Täter beobachtet ganz genau, was wir tun und sagen...
Er kontrolliert in unmittelbarer Nähe die App.
WELCOME
Das ganze Spiel wird von seinem Smartphone aus gesteuert.
Ich will herauszufinden, wo das Signal herkommt, und wie er sich Zugang zu meinem Handy verschaffen konnte...
... um einen Gegenangriff zu starten!

Und dieses Signal verrät uns dann, wer der Täter ist?
Genau.
Damit das funktionieren kann, muss er von seinem Smartphone aus über eine Remote-Steuerung Befehle an einen PC senden.
Ich hatte diese Option bisher außer Acht gelassen, weil die Gefahr bestand, dadurch den Täter für die Wahl zu verraten, aber...
... jetzt, da ich selbst als Täter ausgewählt wurde, spielt es keine Rolle mehr!
Was?
Wir haben keinen Beweis, dass du nicht doch der Täter bist! Wieso sollten wir dir glauben?!
Wie kann ich beweisen, dass ich es nicht bin, hä?
Ich werde den Kerl kriegen. Also halt die Klappe und wart's ab!
...

RATTER
Die Wahl...
... war eindeutig.
Nimm es uns nicht übel.
Sicher nicht, kein Thema.

BIEP
wird gesucht...
wird gesucht...
Da!
BIEP
Wie ich's gesagt habe!
BLIP
Das Signal kommt ...
... hier aus dem Klassen-zimmer!

Hier...?!
Blip
Blip
Blip
Blip
Blip
Alle Handys ...
... reagieren...

Fuck! Er hat mich reinge- legt…
Was soll das?!
Erklär es uns!
Lass mich mal an deinen Laptop!
PAAH
The Vote – Login
Bitte geben Sie Ihre Login-Daten ein
Username:
Passwort:
Passwort vergessen?
KLACK
Back space
Enter

BLIP
The Vote – Login
Bitte geben Sie Ihre Login-Daten ein
Username:
Passwort:
tama
Passwort vergessen?
Login
Das wird sicher cool! Ach, ich freu mich schon so, das muss klappen.
Was wollen wir heute essen?
Bin satt. Keinen Bock mehr, jetzt noch was zu kochen. Ich will nur noch schlafen. LOL.
Na gut, ich werde Eis essen.
Oh! Gute Idee! Ist richtig heiß heute.
Azuki Maeda
Was war denn der Grund dafür?
Ich hab die beiden miteinander bekannt gemacht, weil er unbedingt mit ihr ausgehen wollte, aber die haben sich schon getrennt. Voll doof, oder? Ich komm mir so dämlich vor!
Verräterin!
Gut für dich.
Hä? Jetzt hör auf, das macht mich nur noch mehr fertig.
Na schön, dann werde ich dich nur noch loben.
Danke!
Na ja, aber das ist echt nicht so angebracht.
Masaya Hattori
Moin! Was geht?
Haha!

So einen Reinigungsschwamm. Von Fondé.
Also mal ehrlich, dafür, dass das ein Pflegeprodukt sein soll, funktioniert es überhaupt nicht.
Mädchen haben viele Probleme, okay!
Was wollen wir heute essen?
Bin schon voll satt. Keine Lust mehr, jetzt noch was zu kochen. Ich will nur schlafen. LOL.
Na gut, ich werde Eis essen.
Oh! Gute Idee! Ist auch echt heiß heute.
Wollen wir bei Mácci essen?
Ich hab Kopfschmerzen.
Jun Kaneda
Hey, können wir nicht über irgendwas quatschen? Mir ist auch egal, was.
Haha!
Meine Eltern machen immer getrocknete Früchte als Vorspeise, das ist supereinfach und voll lecker!
Als Schülerin darf ich das, LOL.
Na, wenn du meinst
Was soll schon passieren.
Azuki Maeda
Was war denn der Grund dafür?
Ich hab ihr ihn vorgestellt, weil er gern mit ihr ausgehen wollte, aber die haben sich schon getrennt. Voll coof, oder? Ich kam mir so dämlich vor!
Oh ja, das glaub ich dir, lol.
Verräterin!
Gut für dich.
Hä? Jetzt hör schon auf, das macht mich nur noch mehr fertig.
Na schön, dann wird ich dich nur noch loben.
Danke!!
Na ja, aber als Mädchen ist das echt nicht so angebracht.
Yusako Kudo
Also? Wieso?
Das gefällt mir nicht
Bäh! Lass das!
Masaya Hattori
Moin! Was geht?
Morgen! Ja, gut geschlafen. Und du? Konntest du aufstehen? Was liegt denn heute an, sag mal?
Zu gut geschlafen!
Was ist das denn für 'ne Scheiße?
Fuck?!
Na bitte... da hast du's!
Shuta... du bist der Täter, gib's zu!

So ein Quatsch!
Das ist eine Falle!
Sein Virus hat mei-nen PC infiziert und dann...
Red doch keinen Scheiß, Mann!
Auf diesem Laptop sind alle Bewei-se, die wir brauchen.
SCHNAPP
Wenn ich's dir doch sage!

ガタ
RUMPEL
Der hier ist an allem schuld!
Und jetzt ...
... ist Schluss damit!
KRACK
RCK

Shu-ta...
Nein... warte!
Hört mir zu!
Wir müssen zusam-menhalten!
Wir müssen »The Vote« und...
... diesen ganzen Irrsinn ein für alle Mal beenden!

DOS
CH-

Das ist nur gerecht für all das...
... was du uns angetan hast, du Monster!

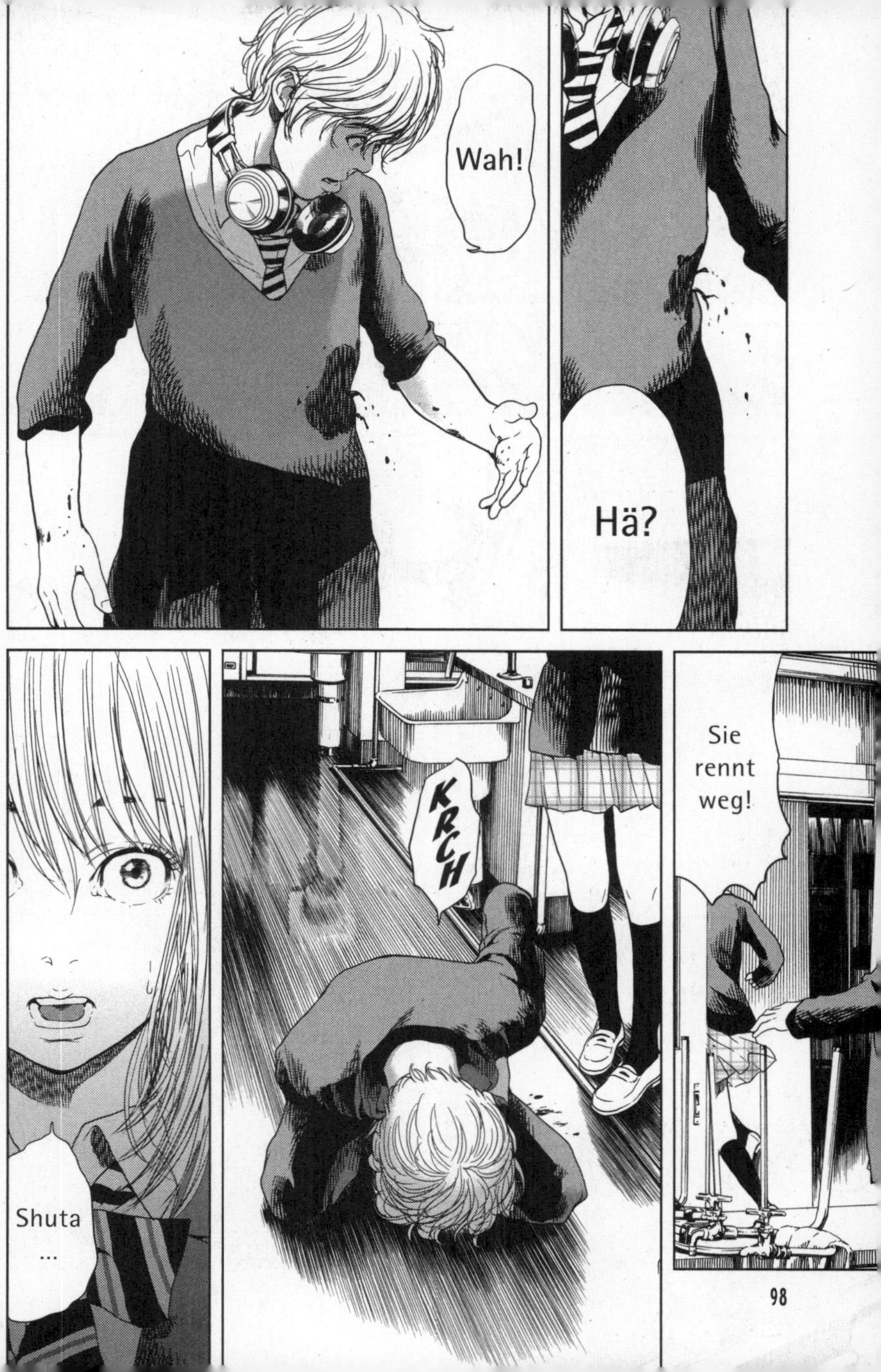
Hä?
Wah!
Sie rennt weg!
KRCH
Shuta ...

Na los, es gibt nichts zu sehen. Zurück in eure Klassenzimmer.
Kapitel 13
Shuta!
KLACKER KLACKER

Beeilung!
Alter, was geht denn hier?!
Gelesen 16:27
Guckt mal!
s ist da los?
Wieso ist di
Scheinbar wurde einer aus der 2-C abgestochen...
Gelesen 16:42
Echt jetzt?!
Ja, kein Scheiß...
Nee, oder?
Angeblich war es ein Mädchen aus derselben Klasse.

VROOOM
Ist das krass. Hat die den einfach abgestochen! Heftig!
...
Und sie ist einfach abgehauen, oder was?
Shuta...

RATTER
Und?
Wir konnten Yumi nicht finden.
Sie ist spurlos verschwunden...

Alle herhören.
Ihr geht jetzt nach Hause.
Die Schule wird vorübergehend geschlossen.
Diejenigen von euch...
... die gesehen haben, wie es passiert ist, bleiben bitte hier.
Wir...
Wir haben alles gesehen...
Minato und Koji, gut.
Wer noch?
Scheiße!

Wenn jetzt rauskommt, dass wir Frau Nikaido fertiggemacht haben...
... war alles umsonst. Das Empfehlungsschreiben für die Uni kann ich mir abschminken.
Dieses verfluchte Spiel!
Ich wollte doch nur, dass ich nicht als Täter gewählt werde.
Wieso musste diese irre Schlampe auf ihn losgehen?! Jetzt ist die Kacke richtig am Dampfen!
Diese dumme Bitch...
Wieso musste sie gleich so austicken...?
Also...

Wie konnte so etwas überhaupt passieren?
Wer ist verantwort-lich hierfür?

Okay ...
Du bleibst bitte auch hier.
... Ja.

Wenn du mir was zu sagen hast...
... dann sag's.
Was?

Alle waren sich einig.
Bitte, was?
ガタ
RUCKEL
タッ
DASH
PATSCH

KLANK
Er hätte sterben können! Ist dir das eigentlich klar?!
Fuck!
Was kümmert mich das?
KLACK

BLIP
The Vote
Hahaha-haha!
Amüsant, amüsant!
Welch herrliches Spektakel!
Ihr seid wirklich...
... ein Haufen kompletter Vollidioten!

Aber meine Häschen konnten wieder nicht abwarten, hm?
Dabei hatte ich euch doch extra gesagt, dass ihr um zwölf Uhr das Ergebnis von mir erfahren werdet.
Ihr hetzt euch lieber gegenseitig auf, streitet und stecht euch ab! Was für eine Versagertruppe!
Wieso muss ich mich eigentlich mit einer Bande von Volltrotteln wie euch abgeben?! Hmmm?
Na ja, dies, das, Ananas.
Dann will ich euch mal verklickern, wer der wahre Täter ist.
Shuta Tamamori...

Wie schade!
TÖ
Er war es leider nicht! Huhuhu!
DÖÖÖM
Kh!
...
Ich hätte ihn liebend gern ver-nichtet und ihm einen hübschen sozialen Tod beschert...
Doch leider, hat die Irre aus eurer Klasse ihn abgestochen und nun schwebt er in Lebensgefahr. Ach, der Arme! Wirklich schade.

Wenn ihr Idioten es noch nicht einmal schafft, über eure Taten nachzudenken und euch zu überlegen, was ihr falsch gemacht habt...
... wird Frau Nikaidos Fluch euch auf ewig verfolgen!
Unser nächster Vote...
... findet in sechs Tagen statt.
Wir konnten den Täter nicht ausfindig machen...
Was... Was soll ich bloß tun?

Ah, würdest du bitte den Physikraum noch aufräumen?
Klar.
RATTER
GRINS

FLIPP
PAFLAPP
Ah, Yusaku ist so cool!
DABB
DABB
Kapitel 14

Lehrerzimmer
Deine Leistungen sind tadellos. Es sollte kein Problem sein, dich an die besten Universitäten zu empfehlen.
swahl der präferierten Hochschulen
Hochschulen – in der sgewählten Reihenfolge
Zweite Wahl
①Keio-Universität Rechtsfakultät A
②Keio-Universität Fakultät der Politikwissenschaften A
③Keio-Universität Wirtschaftsfakultät A
④Waseda-Universität Fakultät der Politikwissenschaften A
⑤Waseda-Universität Wirtschaftsfakultät A
⑥Waseda-Universität Rechtsfakultät A
⑦Sophia-Universität Rechtsfakultät A
⑧Sophia-Universität Wirtschaftsfakultät A
⑨Sophia-Universität A
はHAはHAHAはHAはHA
Vielen Dank! Das wird auch meine Mutter sehr erfreuen!
Die Lehrer sind alle dumm. Einer dümmer als die andere.

TACK
TOCK
Genauso wie all die Idioten aus meiner Klasse. Ein Haufen dummer Loser.
Ich wusste schon immer, dass ich hier falsch bin...
Bis zu dem Tag, als sie auf einmal in mein Leben trat...

Hallo, freut mich, euch kennen-zulernen.
Ich bin ab sofort eure neue Klassenlehre-rin. Ich möchte mich kurz vorstellen, ich heiße...
... Arisa Nikaido. Hallo!

DING DONG
Gut...
Dann machen wir weiter...
Hupps!

PLATSCH
HA HA HA HA HA
HA HA HA HA HA HA
Also wirk-lich.
Leute!

Frau Nikai-do…
Lassen Sie sich bitte nicht auf die Spielchen von diesen Idioten ein.
Wenn Sie möchten, helfe ich Ihnen. Wir finden einen Weg…
Danke, Yusaku… aber…

Diese Angelegenheit betrifft nur mich als Lehrerin, also...

ZUPP!!
...
Frau Nikaido...
Hören Sie, ich...
Ah... nein...
Bitte...
Hören Sie doch...
Ich...

PATSCH
Fass mich nicht an!
Verstanden?!

Ich...
... wollte ihr doch nur hel-fen...
DASH
Wieso behandelt sie mich so?
Fuck!
Fuck!
RUBB
RUBB
Fuck!

Fuck!
Fuck!
Fuck!
Wegen dieser Frau spielt mein Kopf völlig verrückt...
Nur ihret-wegen...

DING DONG
Er holt aus...
VWWSCH
... und wirft!
PLOPP
Und jetzt alle! Los!
Leute ...
Hört bitte auf damit!

POTSCH
HYUUM

Aua...
Das hat sich die dumme Schlampe verdient!

Wer hätte ge- dacht...
... dass es so weit kommen würde...
Das war's ...
Niemand aus der Klasse wird mir mehr glauben.
Ich bin mir sicher, dass ich...
... als nächs- tes Opfer ausgewählt werde.

Foto wird vollständig
Gerät gelöscht.
oto löschen
Abbrechen
TPP
Dieses
oto wird vollständig
von Ihrem Gerät gelöscht.
oto löschen
Abbrechen
Sie hatte...
... über-haupt keinen Grund, sich umzubrin-gen.

Ich kann nicht mehr...

Kapitel 15

東京中央病院
* Tokyo Saiseikai Zentralkrankenhaus
Es tut mir wirklich leid. Jetzt bist du extra den ganzen Weg hierhergekommen.
Nein, das macht doch nichts.
Leider sind Besuche noch nicht möglich.
Aber vielen Dank. Shuta liebt Obst.
Sobald es ihm besser geht, werde ich sie ihm geben.
Danke.

Aber wieso ...
Wieso ist das alles passiert?
Ja, also ...
Ah... Herr Doktor!
KLACK
Sein Zustand hat sich stabilisiert, aber es ist noch zu früh, um Entwarnung zu geben.
Oh, verstehe, haben Sie vielen Dank.
Ich verabschiede mich auch. Alles Gute!

FLÜSTER
FLÜSTER
TUSCHEL
TUSCHEL
Und leider...
Yusaku ist noch immer nicht zurück.
Seitdem sind fünf Tage vergangen.
... hat auch »The Vote« wieder von neuem begonnen.
BLIP
Na, Freunde?! Da bin ich wieder, hihi! Dann wollen wir mal eine neue Vote starten!
THE VOTE

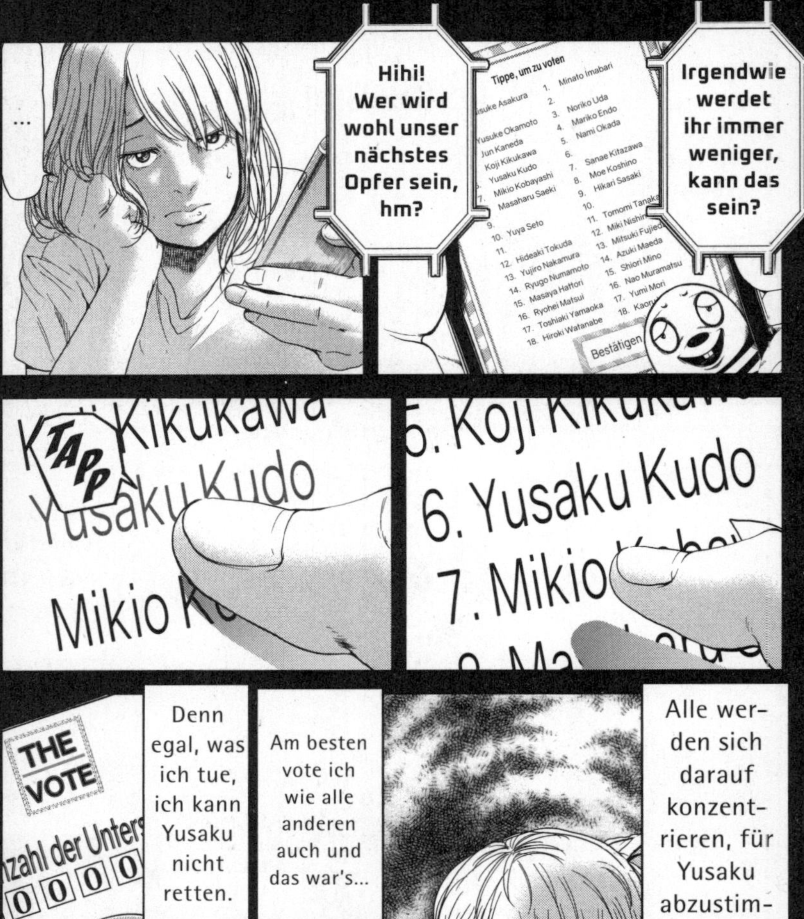
Irgendwie werdet ihr immer weniger, kann das sein?
Hihi! Wer wird wohl unser nächstes Opfer sein, hm?
Tippe, um zu voten
Bestätigen
...
6. Yusaku Kudo
7. Mikio
TAPP
Yusaku Kudo
Mikio
Alle werden sich darauf konzentrieren, für Yusaku abzustimmen.
Am besten vote ich wie alle anderen auch und das war's...
Denn egal, was ich tue, ich kann Yusaku nicht retten.
THE VOTE
Tippen

DING DONG
Leute, der Countdown ist beendet.
Leider wurde das Pensum an Gnadengesuchen wieder nicht erreicht, deshalb wird...
... Yusaku Kudo nun einen sozialen Tod sterben!
Aaaaah! Aaaah!
SCHLP
SCHLP
Wird online gestellt...
SCHLP
SCHLP
Oooh!
Obwohl wir es vorher wussten... es ist immer wieder schrecklich...
ガラ
RATTER

Hä...?!
ガタ
POLTER
Ich habe gerade mit meinen Eltern und den Lehrern gesprochen.
Also willst du...?
Yusaku!

Mein Leben ...
... ist vorbei.
Aber immerhin...
... bin ich endlich frei.

Nicht so wie ihr. Ihr wer-det...
... noch ewig in dieser Hölle schmoren.

DING
DOONG
ゴーン
Und weißt du, Yumi meinte dann so...
Nein, was?!
Aber man muss dafür bezahlen.
SHRRRT
ガラ
TUSCHEL
TUSCHEL
TUSCHEL
TUSCHEL
TUSCHEL

PSST PSST
FLÜSTER FLÜSTER
Alle haben kleine Grüppchen gebildet...
... und versuchen nun, bloß nicht aufzufallen.
Wenn das so weitergeht, wird unsere Klasse...
... bald völlig auseinanderbrechen.

Puuh ...
Ah!
SWPP
Ah... hey...
Miki ...?

Sprich bitte nicht mit mir, okay?
Wir sind jetzt in unterschiedlichen Gruppen.
Ich kann niemanden beschützen...
Ich verliere nach und nach all die Menschen um mich herum, die mir wichtig sind.
Gibt es denn...
... überhaupt noch einen guten Grund...
... weiter gegen diesen Wahnsinn anzukämpfen?

Mariko...
Mariko Endo,
Klasse 2-C

Kommst du? Wir müssen los.
Ah, ja.
Ähm...
Was glaubst du? Wer wird...
... als Nächstes gewählt?
KRSCH
Beeil dich, Mariko.
Komme!
RASCHEL

HA-HAHAHAHA
KLACK
Wenn jemand mein Geheimnis erfährt, ist mein Leben vorbei...
PLOM
Erzeuger des heiligen Lichts ...
... halte deine Hand über mich.
Alles wird gut, alles wird gut, alles wird gut!
Alles wird gut, alles wird gut, alles wird gut!
Alles wird gut, alles wird gut, alles wird gut!

W...Was willst du hier, Yusuke?
Der Unterricht fängt an, wir müssen ins andere Klassenzimmer.
Mariko ...
Im Unterricht haben wir zwar viel...
... über Religionsfreiheit gelernt, aber...

... ich bezweifle, dass man die Pisse ...
... seines Gurus trinken sollte, oder?

Kapitel 16

Bitte...
... versprich mir, dass du niemandem etwas davon erzählst!

Hey... Mariko ...!
Dafür bin ich nicht hier. Ich wollte nur mit dir reden, okay?
Ist das geil!
Seit ich klein bin, habe ich Neurodermitis... Meine Eltern haben alles Mögliche ausprobiert, aber nichts hat geholfen.
SCHLOTTER SCHLOTTER
Doch dann fanden wir den Stammvater und seitdem ist es besser.
»Die ewige Barmherzigkeit werde jenen zuteil, die danach trachten!«
!

»Im Namen des heiligen Stamm- vaters des Lichts...
... opfere ich dir diesen, meinen Leib«.

DRÜCK
Hihi...

Aah...
Aah, aua! Nicht so doll!
REIB
REIB
REIB
Hör auf!
PATSCH
Wieso ...
... bist du so brutal?!

Sorryyy.
SNIFF SNIFF
KLACK
Ich habe einen wahren Schatz entdeckt.
Dadurch, dass ich die Festplatte von Shuta...
... wiederherstellen konnte, kenne ich all die Geheimnisse meiner Mitschüler.

HA
HA
Wissen ist Macht! Mit diesen Informationen wird sich mir niemand...
HA
HA
... mehr in den Weg stellen.
Erzeuger des Lichts...
Bitte belehre mich.
KLACKER
Sag mir, was ich tun soll. Bitte, steh mir bei.

Sechs Tage später.
Als Nächstes, Mori.
Ach ja, stimmt ja... dann, Hiroki?
Hier.

Hey, wie geht's dir?
TRÄÄÄUM
Mmh?
Gott, siehst du schlecht aus.
Waaas?
Seit das mit Yusaku passiert ist...
... kann ich kaum noch schlafen.

Ich muss auf die Toilette.
KLAPPER
BLA BLA
HAHAHAHAHAHA
Ob ich auch die Schule schmeißen sollte...

Ob wir keine anderen Handys benutzen können, oder ob die Lehrer nicht mal raffen, was hier abgeht. Scheiß drauf!
Wir müssen einen anderen Ausweg finden!
Du hast recht!

Uuh ...
Uuuuuh ...
Haaaaah...

WISCH WISCH
Nein, verdammt!
Ich darf nicht schwach werden! Ich darf jetzt nicht aufgeben!
BAH
Wenn ich Shuta mit einem Lächeln begrüßen will...
... sobald er zurück in die Schule kommt...
... muss ich »The Vote« stoppen...
... auch wenn ich mich selbst dafür opfern muss!

ガラ
SHRRT
Hört mal alle zu!
Ich möchte etwas bespre-chen, das uns alle betrifft!
Hä? Bist du verrückt? Es ist doch schon schlimm genug.
Gebt mir eine Chan-ce, okay? Bitte, hört mir zu!
Damit dieser ganze Wahn-sinn ein Ende findet und »The Vote« uns nicht mehr länger bedrohen kann, müssen wir zusammenar-beiten!
Was soll das denn brin-gen, darüber noch zu diskutieren?
Die nächste Vote ist schon heute Abend!

Ich möchte, dass ihr alle heute Abend...

... für mich votet.

Und morgen, nach dem Unterricht...
... möchte ich, dass ihr hierbleibt.
Um »The Vote« ein für alle Mal zu beenden...
... gibt es nur diesen einen Weg!

PSSCH
PSSCH
Kapitel 17
PSCH
PSCH
Ich hoffe, dass Sie uns helfen können.
Wir tun unser Bestes.

SSSSCH
Puh ...
KLATSCH
Okay.
Gestern Abend wurde ich...
... zum neuen Opfer gewählt.

Das Opfer der Woc
Minato Imabari... 28 Votes
KLACK
Diese Woche wurde mit 28 Stimmen...
... Minato Imabari zu unserem Opfer gewählt!
Na, dann tippt mal alle fleißig! Viel Glück!
RATTER

Gut, es sind alle hier.
Okay, dann lasst uns mit der Versammlung anfangen.
Wovon zum Teufel sprichst du?
Zuerst …

... möchte ich, dass wir über Arisa Nikaido sprechen.
Ich möchte, dass wir darü-ber sprechen, weshalb ihr sie in den Selbstmord getrieben habt.
Jetzt mach mal halb-lang...
So war das über-haupt nicht ...
Uuh...
Uuu-huuu...
Uuuuu...

Uwähää...
Uhuu...
Natsuki Maeda, Klasse 2-C
Natsuki... beruhig dich...
Weinen bringt doch jetzt auch nichts.
Tomomi Tanaka, Klasse 2-C
Tomomi, geht das nicht ein bisschen netter?
Nerv nicht.

Kanna Iriyama und ihre Clique haben sich das alles ausgedacht. Die sind schuld, dass das Mobbing so eskaliert ist.
Wir haben nichts damit zu tun!
G... Genau!
Das mag ja sein, aber...
Ihr, ich, wir alle...
... hatten unseren Spaß daran, oder etwa nicht?

Wir alle haben uns im Unterricht zu Tode gelangweilt.
Das Einzige, was uns aufheitern konnte, war, wenn wir Frau Nikaido fertiggemacht haben.
Hau ab!
Hau ab!
Hau ab!
HAHAHAHA
Und auf einmal habt ihr alle mitgemacht.
Es ist immer weiter eskaliert.

Entschuldigung, Frau Nikaido!
Bitte verzeihen Sie uns!
Ich bereue auch, was wir getan haben.
Mir tut es auch leid ...
Hört mir zu!
Weinen bringt jetzt nichts.
Aber es gibt noch einen Weg, diesen Fluch zu beenden!

Wir alle bleiben jetzt hier im Klassen-zimmer...
... und helfen zusammen, um das Pensum zu erreichen!
Was...?
Wir alle? Jetzt?

TAPP
Bisher war unsere Klasse völlig zerstritten. Wir hatten alle unsere kleinen Grüppchen.
Aber wenn wir an einem Strang ziehen...
... können wir es schaffen!
Es stimmt... es könnte klappen...
Moe Koshino, Klasse 2-C
Ja...
Und was, wenn wir die Quote erreichen?
PAMM

Ich weiß nicht, was danach passieren wird, aber...
... selbst, wenn »The Vote« damit noch nicht vorbei ist und diese App uns weiter bedrohen sollte...
... haben wir zumindest nichts mehr zu befürchten. Wir müssen keine Angst mehr vor dieser App haben, weil wir schon einmal gegen sie gewinnen konnten.
Wenn wir das Pensum erreichen...
... werden wir alle gemeinsam an Frau Nikaidos Grab um Vergebung bitten.

Du hast recht...
Ja, gute Idee.
QUII
FWSSSSH

Sie wollen damit andeuten...
Um es ganz klar zu sagen...
Wir haben bereits Nachforschungen zum Verschwinden der Schülerin Yumi Mori angestellt...
TIPP
TIPP
TIPP
TIPP
TIPP
VOTE
TAPP
TAPP
TAPP
TAPP
... doch aufgrund der Bitte von Familie Tamamori ...
... werden wir unsere Ermittlungen nun öffentlich fortführen.

Wir ermitteln im Fall Tamamori nicht nur wegen Körperverletzung...
TAPP TAPP TAPP TAPP TAPP TAPP TAPP
... sondern auch wegen der zahlreichen Fehltage einiger anderer Schüler.
All diese Vorfälle scheinen...
... in direkter Verbindung mit dieser App zu stehen.
Bei der Analyse des Handys der verstorbenen Kanna Iriyama...
... fanden wir heraus, dass diese App alle Aktivitäten der Handynutzer aufzeichnet.
TAPP TAPP TAPP TAPP TAPP
TAPP TAPP TAPP TAPP TAPP TAPP TAPP
Dies steht ebenfalls in Korrelation mit den bisherigen Ereignissen.

Ich versichere Ihnen, wir sind absolute Profis. Die Abteilung...
... für Cyberkriminalität wird die Entwickler dieser App ausfindig machen und...
... festnehmen!

FWSSSH
99999 …
100.000!
Ge-schafft!
Wir haben es geschafft!
JAHAAAAA
Es ist das erste Mal, seit diese App in unser Leben trat…
… dass wir alle zusammengehalten haben.
Wow, ihr wart ein echtes Team!
Fabulös!
Da ihr das Pensum diesmal erreicht habt…
… wird das Opfer der Woche gerettet!
Je-doooooch…

HAHAHAHAHAHAHAHA
... werden wir nächstes Mal...
... ein völlig neues Spiel spielen! Huhuuu!
WUAHAHAHAHAHAHAHA

Im nächsten Band...

Minatos Geheimnis kommt ans Licht!

Minato stellte sich der Bedrohung, die über der ganzen Klasse schwebte und überlebte durch ihren mutigen Einsatz das Votum, doch eine neue Herausforderung wartet bereits auf sie! Die eigene Vergangenheit holt Minato unvermittelt ein und konfrontiert sie mit sich selbst! Was verbirgt Minato vor ihren Klassenkamerad*innen?

Wen würdest du wählen?

Tag, allerseits.
Und danke, dass Ihr auch Band 2 gelesen habt.
Dass ich überhaupt meinen eigenen Manga veröffentlichen konnte...
KYAAAAH
Ich meine, so ein Abschaum wie ich... Das grenzt schon an ein Wunder.
Von daher wäre es wirklich abartig, wenn ich nicht all meinen Lesern und meiner Redaktion den allergrößten Dank aussprechen würde.
Euch allen gilt mein unendlicher Dank!

Um ehrlich zu sein, ich wollte immer...
... einen Action-Manga rausbringen. Mit jeder Menge Kämpfen und Schießereien.
Mit Repetiergewehren und Durchladern!
HYY
BAM
Voll die Ballerei!
Aber es gibt noch etwas viel Aufregenderes!
Dieses sanfte Gefühl, wenn man seine Wange auf den Gewehrlauf legt!
Nur einmal in meinem Leben möchte ich einen solchen Manga zeichnen dürfen!
KYAAH
ZERR
Zurück in den Käfig!
HYBS
Ab nach Hause!
Tss.
Ende.

THE VOTE

ist eine japanische Serie, die originalgetreu von »hinten« nach »vorne« und von rechts nach links gelesen wird! Schlagt das Buch also »hinten« auf und blättert Seite für Seite nach »vorne« weiter! Auch die Bilder und Sprechblasen werden von rechts oben nach links unten gelesen! Wir wünschen gute Unterhaltung!

HAYABUSA
Carlsen Verlag GmbH · Hamburg 2022
Aus dem Japanischen von Martin Gericke
Ikenie Touhyou vol. 2

Covergestaltung: Sonnenfisch Production – Laura Bartels
Redaktion: Germann Bergmann
Herstellung: Maria Niemann

ISBN: 978-3-551-62084-2

VOTE THE FALCON
www.hayabusa-manga.de
www.carlsen.de
hayabusa_manga
HayabusaTweets

Unser Versprechen für mehr Nachhaltigkeit
- Klimaneutrales Produkt
- Papiere aus nachhaltigen und kontrollierten Quellen
- Hergestellt in Europa